I0182530

# MNYXM

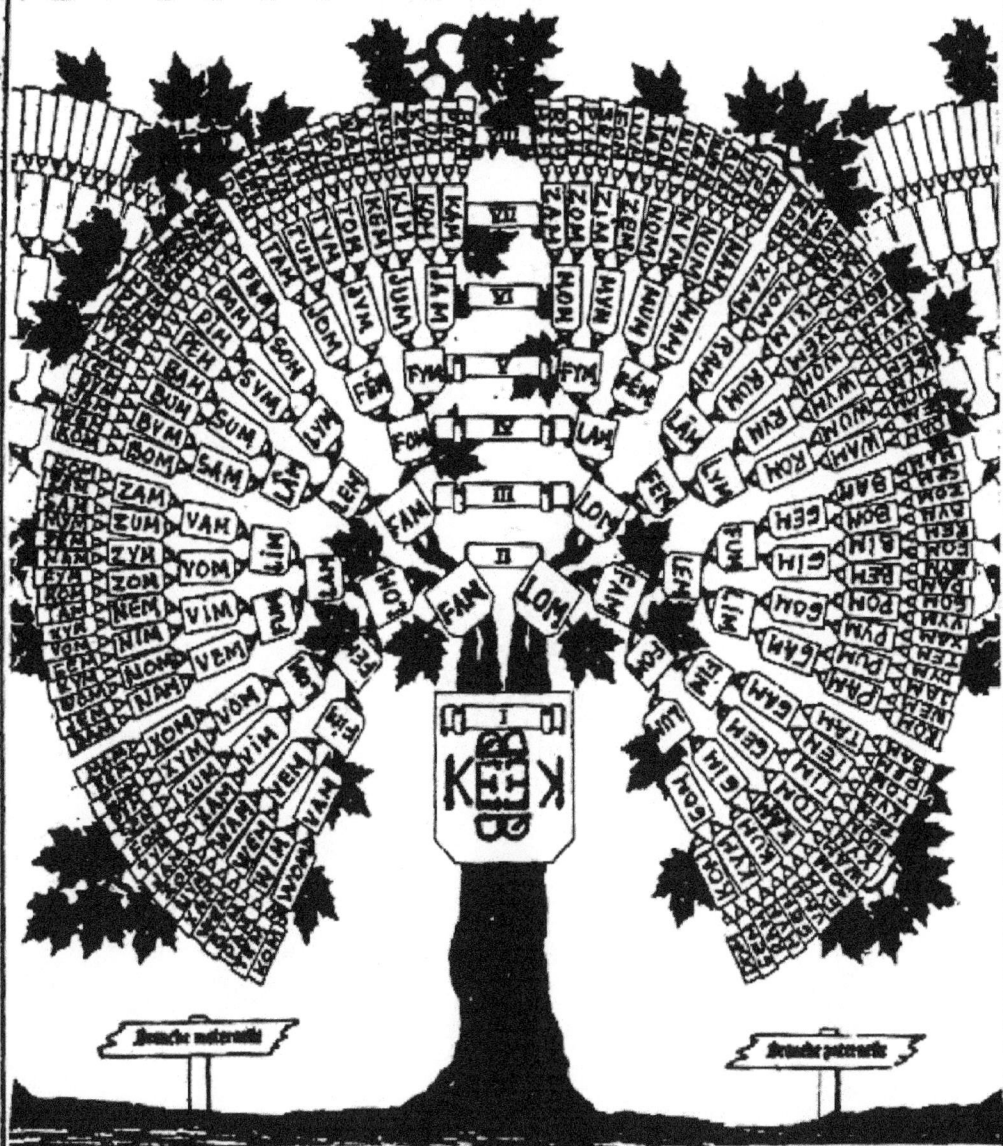

GABRIEL RAINES

Cooperatively published by
Enlilylyxyl Press and Benign Publications

Enlilylyxyl Press
319 58th St #1R
Brooklyn, NY
11220
USA

Benign Publications
842 Macon St
Brooklyn, NY
11233
USA

BENIGN
Publications

July 2017

ISBN 978-0-9975294-0-1

First Editon

# contents

**one voice**

# contents

# contents

## two voices

# contents

**three voices**

one voice

# minymyiminym

l
el
eles
elessee
elesseelee
selesseelee
selesselee
selessl
elessl
essl
sl
s
soo
osoo
nosoo
enosoo
enenosoo
senennosoo
senennosoons
senennoso
enennoso
nennoso
nennose
nenno
nen
en
n
iny
inym
yiminym
myiminym
nymyiminym
minymyiminym

# oimog tasoo

oimog tasoo
dulam aykew
tevaw mejif
oewox yeaap
liguz xioio
jahax tuiyi
cecus jypyu
vopeyzibyf

# elicora

elicora
keganari
agararo
aggakukuga
arakaga
elicora
keganari
agararo
aggakukuga
arakakaga
elikacora
kegananari
akagararo
aggagukukaga
karakakaga
lelikacoraga
kekegana nana rari
akakago raro
agaga gukuku kaga
kakaraka kaka gaka
lelekika lico raga
gekeke kegana nana rari
agakako gegura raro
kagaga gagukuku kaga
gakaka kakara kaka kaga
laleli keli kikaliko raga
gara gekiki gana raga naka kari
raga kako keku rarara rararo
agakuku kukarara ragaga kaku
gagara rakaka, laleli kukarara
garaleli lukukara ragaga kakakakaka...

# k d fff d

k d fff d

ffff d

k k k  k fffffff
d ffff d    tcchhh

k d f f  k  k  k   k    k

d  ffffd  k  tchh  k  d  ffff

k tchhh  d fffff d t t  t t  t   t    t

d ffff  d k ffffffffffft  k  p

ffffffff d k p tch shhhhhhhhht!

d fffffffffffffff

# e d v m

e d v m
ek n p m
vot e vo e d p m

uff, b
eh own, b
nt, ng, uff own
b, brrrr

ekn d p m
er ekka d p m
v-vo-vot ekka
d pm, vo-vot

nnnnntsssssssss, g g g g  g   g   g   fffffffffff
ulllllllllllllllllllllllllllllllllllll
g  f  s  d  p  n  t  u

oo ohn tuh ohn, et
op ohn d, brrrr

kt uh-kuh
e-vo-vot, d!

et own, op own,
oo op own, etop
op d op b
op et b op d,
own op et b
op own op own
et own, b own, op op op!

nnnnnnnnnnnn

# oom os onyo

oom os onyo
oyo onyo, olosi
ool ooloo oonyoo
olo osi, oso oyo

oom ooloo osi
olo onyolo oso
olo oom os onyo
ooloo onyo olo osi

onyoyo onyolo
obo oso olo oosy
iolooi om oonyoo
o-olooi loo oyo
om loo-oyo, o-olosi

# nim-e-nom

nim nom
mim mun
nom min
mon-e-nom-e-nim
mun-e-nom-e-nem
nom-e-nem-e-nim-e-mon
mon-e-mun-e-mum
min-e-nim-e-num
a-min-e-nim-e-num
   mum-e-nim
num-e-mun-e-min-e-mon
nom-e-mim-e-nim-e-mun
a-nom-e-mim-e-nim-e-mun
     e-nom-e-num
min-e-mon-e-mun-e-nom-e-num
nim-e-num-e-nem-e-mon-e-mum
e-mon-e-mum-a-num
mum-a-nim
e-nom-e-mum-a-nim
   e-mum

*space at beginning of line = start on off beat*
*a as in cat, e as in beet, i as in hit*
*o as in tom, u as in under*

# olaloo olaloon

o
aloo aloo aloo
tgo
enaloo aloo
gbit
olaloo olaloon
entah**gah**bit

# ololo zyool

sem sem
eelee ava pin pin
lolo **zyool**
atsem itsem
eevee, bva, nip nip
ololo **zyool, zyoolo**

*bold = slow*

# pikula poompala

pikula poompala
papikula poompala
papikula papoompala
papikikula papoompala pala
lapipikula lapipoompala
iniculus inocula
uluspa
kipipikulus palapipoompala
inikukikulus inwa inopipoom

# ava ip

ava ip
a vel ip, a ip
vel otta otta ip
a ip, ava ip, vo ip
vel vel, otta otta ip, ava ip
otta vel vel, otta ip, a ip
a vel vip, otta ip, a ip
otta otta vel, otta ip
otta vel ip, a ip
a vel ip, a ip
a...

# lackanackanox

kuhkuhlooloo
sattum, de toh toh

laynoomeesorveelee
lackanackanox

ollibeebee, ollibeebay
day doh, den,, mot

oadat duh, beereeipapp,, dat,, doh

lessum assan
lessumt, asee, assan

lah des, annada
daychaw!

eniolo
ow, day, pooht

b b b,, or, te, pa

ooleeoo
aw toe la nt

# yyhus jubes

yyhus jubes
cyjip nawaf
niddy-noddy myvyu

ereftak erebroo

tuk tuk tuk tuk tuk
gingingin raoraoraorao op

en ahmpa, en yahmpa, yyhus jubes
olliyahmpa un ambo en alva oold

gin op gin tuk gin op gin rao
gin rao gin op gin hat!

gingingingin tuktuktuktuktuk

k un dey, un bo, shhhh un bo
d-d-d-d-d-d-d-d-d
k-k-un dey, un bo
hooooooooo /p

ludiggy**dah**, gisahd!

*bold = emphasis*

# arb

arb
osi arb
bt ee osi arb
er, dee, bt, ee, osi, arb
atby
clination ee,
osi arb osi bee,
at, be, bt, ee
o-lee bt
anoon osi ee bt
bt n osi guh
anoon ee, bt ee,
nosi, at, inka, lee
ay ayp dee bee,
nosi bee
nosi anosi, anosi bee
anosi noon,
anosi n,
anosi bee

# yahmpa

yahmpa
mck! olliyahmpa
aalks inallenson
ayno en mck!
olliyahmpa un ambo en alva oold
capdet allina en en en

enallinallison akala brill,
en unstunnakligian oh!

an oth in e e aalks olliyahmpa,
aalks en en olliyahmpa k!

en ayno mck!
unenalva oold,
ambo an oth ayno enimimin

skalo appajo en fandino obak,
acchino unst at wa de arga

le lay en ay enay,
suno eejavee en lydaydesay

en ayno
 en ahmpa,
  en brill,
   en alva oold,
    at wa de brill

    olliyahmpa mck!

ooooooooo

tia
eti
eti tia ati
ititA, iti eti
iti eti ati
tia eti ati
tia
iti eti ati
eti tia, eti iti eti ati
tia eti ati
ieteti iti, iti ati
eti ati ati
a-ti, a-ti

# he an on

he an on
an she an on
on an arr, he uns
on an arr, she uns on an arr
uns ull arr, an on he uns
on an arr, she uns
on an on, an arr
he uns, on an arr
on an uns, he uns
on an ull uns, on an arr
ull uns, on an arr
on an ull uns, she uns
on an arr ull uns
he, on an arr
she, on an arr
ull uns on an arr
on an arr ull uns
on an arr, she uns
on ull uns, on an arr
on an **ar ull uns**
on an arr

*bold = emphasis*
*slow down through last two lines*

# urs-b, in em urs-b

urs-b, in em urs-b
or or or urs-b
d-urs-b, eeyoonak
or or, ee un or or
in an urs-b
in an urs-b ee un or or
in an em em
or or or or em
in an urs-b
in an em or
in an urs-b
ee ee un or or
in anemem em em em em

# ohbst oofl

ohbst oofl
o de ohbst
oofl oofl
duh **en** oofl
croo ibst
ohfl oofl
ket **en** ohbst
opel oofl, obst oofl, etu oofl
ibst
ooflohbst!

*bold = emphasis*

# cadalAsadanarAta

cadalAsadanarAta
dalasAcanaradAta
wAmaranata
sAnaramata
lagadAranatama
pAdama
parAdatama
pArata
endAmarAta
pakA!

# ecks

ecks
nah! whuh-ch! T N
urrrrrl, ow! hmmm!
a-na *ow!* whuh
T N ch! ecks, p-pa!

## njabl tasi

settu, poff!
njabl tasi
njabl ae
ntav nax a jabl
tra nax a jabl
ntav tra, nax a jabl
a jabl ae, tra nax a jabl
un jabl trae, tra tasi, settu, amkii nax a jabl
tasi unjabl, iml nax, isi prrrr
tasi tasi unjabl, isl nax a prrr, unjabl
tasisi seenax, tra unjabl ntav seenax
oxisi unjabl seenax, amkii nax a jabl seenax
unjabl ae, unjabl nax anisi, nisi seenax unjabl nasi poff!

## otoloon

otoloon
fo ofo otoloon
ototoloon, fo ofoloon, fo of
oloon otoloon, fo ofo, ofotoloon

oof

otl oon, en oon
ente**no**, ololoon

# boodl

oeesseo
oofs
eedl
boodl
ohdl
eedl
dboodl
pfoofst!

usseenussee
enni feeni
nilembor unlutu
untulu
ondoo eendoo

enlilylyxyl ryx
enololudl fo-ofo-see
enallen aloodl
fennennennessy
ooloodlohsy

# oyochy ochoyo

oyochy ochoyo
omodo goog
ololo olooloo
ogg ogg enenen anoog
yooy ochocho
onololocho desisuya hyxuch
olenolo oolenolo
ogg ogg ogg en amochochug
amenalochuchug, anoog
omodo goog

# otl eetl atl

otl eetl atl, tl
ul, tl, otp, nst
eetl otl
otl eetl otl
ptl, nta, nta, nta
atl eetl otl tl, tl

# mmmmg s tch

mmmmg s tch!

mmmmmmg s tch!  kuh!

mmmmmmg d tch s   kuh!

mmmmmmg d  eeeeeeee  tch s

kuh mmmmmmg s d tch eeeeeeeeeeee

s mmmmmmmg d tch  oooo  eeeee

s kuh mmmmmmmmmmg dtch  ooooooo

tch kuh mmmmmmmmmmmmg  d tch  oooooooooo

tch kuh d mmmmmmmmmmmmmmg s  d tch  ooooooooo

eeeeeeeemmmmmmmmmmmmmmmmmmmmg s tch kuh d

oooooooooooeeeeeeeemmmmmmmmmmmmmmmmmg s tch kuh d


ooooooooooo sshhhhhhhhh fffft t t t t t

ooooooooooooooo

eeeeee ooooooooooo shhhhhhhhh

# mnyxm

mnnnn
lolmnnnn
ullullumnn
ullollmnn
nillolollom
ullillmn
ollomninosimum
xyxollominosinum
oooooooooo *(fading into next line)*
myxllomillinosinum
ooooooooooooshhhhhhh *(fading into next line)*
mnyxm, oxyllisolli

eeeeee ooooooooooo *(rise and then fade into next line)*
omnyxms, ull
mmmmg d *(louder, harsher)*
llillinyxms, ulosll *(softer, quiet)*
mmmmmmmg s *(louder, harsher)*
ulloxyl, mnyxm, oxyllisolli *(softer, quiet)*
mmmmmmmmg d *(louder, harsher)*

# zzzzllllll

dh

———

  zzzz<u>llllll</u>

un

  kuh suh un doo uh

    ---^^^
ffft vooot!

a

  dt dt dt dt dt dt dt dt dt dt

frrrr

  umnnn<u>ull</u>

t!

# mmmsssnnnfffllllmmm

sss rrr lll fff
sss nnn fff
lll rrr sss nnn fff
nnn mmm sss rrr lll fff
mmm lll fff sss rrr nf
uld nnn sss ffrrr d lll
sss nnn frrr, d, lll nnn
mmm
ek
ek in
ek in sss nnn frrr
g in, k in
sss fff rrr
mmm
mmmsssnnnfffllllmmm
g rrrrrrrr

*last line fades out*

# pssss k fff ch

pssss k fff ch
mmmm, awwww
-soft, quiet sigh-
choooo, pssssss
t tt t t t t t ttt
k ffff
shhhhhhhhh
t

*whispered throughout*

# lelilel

en les asalales ales
ninnen ninnem
alasalaselinem
menelinasa **en**sallen
salalelimenelinem
menelisalinelinem
anelinem

lelilel
ilelileli
lilelileli
elilelilelili
elelelelele
lilelelelelele
ililelelelelelelel

ninnen ninnem
menelinasa **en**sallen

*bold = emphasis*

## mellilla omma

mellilla, omma
olimimma, manimma
mellilla omm
plimma, myetimma
ommellilla,
ommellilla omm
in im il, en il
millella en il
emmellilla in imil
lammellilla, in el
in el ommellilla omm
inm omellilla l
ommallimmenna omm

# olaloo

o
aloo aloo aloo
tgo
enaloo aloo
gbit
olaloo olaloon
entah**gah**bit

*bold = emphasis*

## ooon kth

ooon kth
skth
aaaaaaakth
s k th
akakakak
ssssss kth
ooo kth kth sssss
akakakakakak
ssssssssssssssssskth!

*kth - kuh thuh*
*s - as in dress*
*build up during last line*

# tch fft k

o
k o ch fft
k o
tch fft k
o fft
k
tch fft k o
ch
k o
ch o
ch
o

*k as in drunk*
*o as in hose*
*tch as two syllables, t as in hat, and ch as in cheese*
*last line spoken long, deflating, with finality*

# czyk

czyk
czyk ming
ch czyk ming
rrrrrrr ch czyk
v rrrrrrr czyk ch
shuh czyk ch oe k
ko een czyk oe k ch
gee czyk ae ko een k ming
ch czyk aht ko een gee czyk rrrrrr
swuh ko gee ko een shuh czyk ae k
sao ko czyk oe ae k een swuh rrrrrrr ming
czyk bjuh rrrrrrr ming ko czyk rrrrrrr ch een ch gee
ara ara ch gee ming czyk ming ko een ch k v
hulu ming ch ko swuh oe shuh ae bjuh czyk shuh ming shuh
acha hulu ming hulu rrrrrr oe k ara ara ming ko czyk hulu gee
ara hulu, ara acha, ming ch een ch ming ch een ch sao ch czyk
dut hulu ara hulu ara acha ming acha rrrrrr ch ming acha ming -
ara acha ming
czyk ming ara acha ko acha czyk bjuh bjuh hulu swuh rrrrrr -
shuh rrrrrrr bohm  dut rrrrrrr

et
et bp
et bpt
t et bpt
t et et bpt
et et et bpt
douge

et bpt
urn bpt
chet bpt
chiet bpt
chio, douge

e bpt
e-o bpt
leo bpt
eeleo bpt, bptic
douge

tur bptic
dtur bptur btik
tur btur btik
tur bptur btik
btur tik
tur bptik bptik
eeleo et, chio chet
tur bptik, bptik tur
**tik tur bptik tur bptik tur bptik douge**


*bpt = buhpuhtuh (quickly), t = tuh, tur as in turbo*
*bold = build in speed and intensity*

# ogen ogen ogen ox

gzzzz
gzzzzzsssss
gggzzzzzsssssssffffff
gg gggzzzzzzzzssssss ffffffff
mmmmmgzzzzzzzz fffffffff lllllllllll
gzzzzzzzzffffffffff
mmmmmmmmmmmm
gzzzzzzzzzffffffffffflllllllll
bgzzzzzzzzz
mmmmmmmmmmmmffffffffffffffbgzzzzzzz
itsh ox bgzzz ox
ogen ox gzzzz itsh ox
etch ogen ox etch
ogen ogen ox etch
bgzzzzz mmm ogen ox
itsh ogen ox, ogen otch ex
esco ogen ogen ogen ox, erx ex
mmmmm ogen ffffff, ox ex ox bguuuhhh nx ox
b ogen ox ox bguh ox ox etch itsh ogen bguh bgox ogen ox ox
guh ogen ox ox
omn omn ox ox ox
eve ox ox bgogen ufa ock ox, bguuuuhhhh
ipco eve ogen ox, lim ox, ogen ox
ogen ipco eve eve ox, lim ipco, lim ipco
osca eve ipco ipco, lim ipco, lim
iver lim, ipco eve, ipco ox, bgzzzz ipco ox, bgeve ipco ox
lim lim lim, ipco ox, bguuuuh ipco em, ipco ox, ox ox ogen
mmmm
buh!  Gzzzzzzzzzz

# ninanin anim

inanin
inanim
inonaloom
issonimoom
ninanim issonimoom
ininanim issonamoom
illissinim
ninanim illissanim
e and e and
ninanim -
iss, illissallinim
iss, aniss,
allisallinim
inall, innis,
sallinallinim, inin,
innis, inallees
inalleesa
nim inalleesa
nimis inalleesa
ona, nimis, inninallisa
onamoom, onamiss
oninallisa, amiss
ona, onu
onunallisa, amiss

*o = long o as in low*

# luh law la

luh law la
guh gaw ga
fuh fuh fuh
lo law la
lo luh law la, gaw
guh law la
fuh la
guh gaw ga, ya, law
luh law la, guh gaw
fuh fuh fuh fuh
luh law, guh gaw ga
ya luh law, guh
law la
guh law

*la, ga, ya - use a as in hat*

## murmurescent mitgumulum

gerberler
the it and it
git gerberler
sah!
ineffeff
let gee nef lef
and it git sah!
gurburlur.
and gurbular
and gumulum
in sah nef, mit
mumulum
mumular
the it and mit
and nef and sah!
murmurescent
mitgumulum

*gurbular = ger byoo lurr*
*gumulum = gumm yoo lumm*

# puh

puh
*puhpuhpuhpuhpuhpuhpuhpuhpuh*
**pthpthpthpthpthpthpth**
<u>fffwoooooooooooo</u>
puh puh  puh  puh    puh

*italic = fast*
*bold = medium tempo*
*puh like the p in lip, or lippuh*
*underline = as a distant car on a deserted highway*
*last line - lower, breathier, banging, slowing down to end*

# issanoom

oom
oomdeloom
aoomdelaoom
aoomdeloon
aoomdelaoomdelamay
lamay
lamayoomdelaoomdelamay
alayoomdelamay
amayoom, dedelamayoom,
delamayoomdelamay
delamoomanoom
anoomla delamay
dadelamayoomla
anoomla delaoomla
delamay
noomla
issanoomla
issanoomalammoom a la
a la de
a la de de delamay
issanoomla delamay
ala de issanoomla
alanoomla
didealamoom a la
alamay
enoom a la
enissamay a le moom a la
enissa-alimay

## yegupi vv isi

yegupi v-v isi
ar tee oo
zee ar ess
q, eetay
dasgupti, in a may
orlef teeloo
in effrum uvverest
reevee eesee avo ayses
isi, ree-ifi, re-avo
re ayses.

ay-sees in ovo octo
innoo inno innocto
artoo aysees.

omp delioo
ash tee ing in pro bio alayoo,
n-r-s, z-r-s
yahg yahg yahg alayoo,
ernerubblissoo legoo aleeoo tayoo alayoo teeoo delioo yaygupi!

# xys-ull-il-ix-aa

xys-ull-il-ix-aa
ull-il-ix-aa-xyl
xyxyl-illix-aaxyl
aa-xyx-ix-ullillixaaxyll
ullilli-aa-xyx
aa-xyx
aa-xyxl
aa-xyxlilli
ullyx-aaxyx-aaxyxlaxyl
issyllilli, unxyxallalli
unxyxallilli, aaxyxlaxyl
aa-illi-xyx,
aa-illi-xylli-xyx,
tzyx,
aaxyxlaxyl

two voices

# enolioeli

alelee

    ioeli

alela

    olioeli

alelalelee

    enolioeli

alela

    eli


elieno eli

    enolioeli

lee alela

    alelalelee

alela

    loli

noneloli

    enonelioeli


lee

    lee

alela


io

    eno

eli

    oeli

ale

    la

le

    lee

a

    le

la


io

    en

oe

    li

oe

    ni


lee

    lee

alelee

    alelalelee

a

    le

la

lio

    en

en

    io

eli

    noeli


lee

    lee

a

    le

lee


en

    diali

eneli

    oeli

noeli


alela

    lelee

a

    le

la

nio

      eleni


lineo

      eleni


nilio

      eleni

noeli


malemeni

      linoelemi

noelimi

      noeli


alalee

      lalela

a

      le

lee

      lae

la


a

      le

la

# enolioeli, cont.

namelemini
        minonomeleli
lalolenialeni
        noeli
ninoeli


*me ni na ne ni no eli*
 *me ni na ne ni no eli*


noeli
noeli

*italic = spoken in quick alternation to create echo effect*

# rem tiki

## Part 1 - Simultaneous Voices

Voice 1: R T T T T T R T T T T T R T T R T T T R T T T T T T R T
Voice 2: T T T R T T T T T R T T T R T T T T R T T T T T T R T T T

Voice 1: T T R T T T R T T T R
Voice 2: T R T T R T T R T T R


## Part 2 - Alternating Voices

*("_" indicates a rest)*

Voice 1:  T  R  tT  tT  R  _  tT  R  tT
Voice 2: tT  R  _   R   T  R  R   R  R

Voice 1:  _ T  T    R    R  T  T    R
Voice 2:    T  _ R  _ tT  _  T  _ R  R


## Part 3 - Polyrhythmic Alternating Voices

*(first section is three beats over two)*
*(italics indicate a faster tempo)*

Voice 1: T  T  T  T  T  T  *R R R*  T  *R T*  *R T*  *R*  _R
Voice 2: tT  tT  tT  tT  *R R R*  *R T*  *R T*  *R T R*  _R



*R = rem*
*T = tikki*
*tT = tuh tikki*

---

54

# ntns

| | | | | | | | | |
|---|---|---|---|---|---|---|---|---|
| Voice 1 | N | | T | | N | | S | |
| Voice 2 | | | | | | | | |

-

| | | | | | | | | |
|---|---|---|---|---|---|---|---|---|
| Voice 1 | N | | T | | N | | S | |
| Voice 2 | | N | | | | N | | |

-

| | | | | | | | | |
|---|---|---|---|---|---|---|---|---|
| Voice 1 | T | | N | | S | | N | | S | |
| Voice 2 | | N | | | | T | | N | | |

-

| | | | | | | | | |
|---|---|---|---|---|---|---|---|---|
| Voice 1 | | | S | | V | | | | V | |
| Voice 2 | T | | | | | S | | L | | |

-

| | | | | | | | | | | | |
|---|---|---|---|---|---|---|---|---|---|---|---|
| Voice 1 | N | | N | | S | | N | | N | | T | | S | |
| Voice 2 | | N | | T | | | | N | | N | | T | | |

-

| | | | | | | | |
|---|---|---|---|---|---|---|---|
| Voice 1 | T | | S | | S | | S | | T | |
| Voice 2 | | T | | | | S | | | | |

| | | | | |
|---|---|---|---|---|
| Voice 1 | | | | T | |
| Voice 2 | S | | | | |

-

| | | | | | | | | | |
|---|---|---|---|---|---|---|---|---|---|
| Voice 1 | N | | T | | N | | | N | | |
| Voice 2 | | S | | | | S | | T | | S | |

| | | | | | |
|---|---|---|---|---|---|
| Voice 1 | | T | | N | | S |
| Voice 2 | T | | N | | S | |

-

| | | | | | | | | | |
|---|---|---|---|---|---|---|---|---|---|
| Voice 1 | T | | | | | | | | | |
| Voice 2 | T | | N | | T | | N | | S | |

-

| | | | | | | |
|---|---|---|---|---|---|---|
| Voice 1 | | N | | T | | S | |
| Voice 2 | N | | T | | S | | |

-

| | | | | | | | | | | |
|---|---|---|---|---|---|---|---|---|---|---|
| Voice 1 | | N | | T | | T | | S | | | N |
| Voice 2 | N | | N | | T | | S | | S | | N |

-

| | | | | | | | | | |
|---|---|---|---|---|---|---|---|---|---|
| Voice 1 | S | | N | | | | N | | T | | |
| Voice 2 | | T | | S | | N | | N | | S | |

| | | | | |
|---|---|---|---|---|
| Voice 1 | | | | S | |
| Voice 2 | V | | N | | |

-

| Voice 1 | T |   | N |   |   |
|---------|---|---|---|---|---|
| Voice 2 |   | R |   | S |   |

| Voice 1 |   | T |   | V |   | N |   | S |   | V |   |
|---------|---|---|---|---|---|---|---|---|---|---|---|
| Voice 2 | V |   | R |   | N |   | S |   | V |   |   |

-

| Voice 1 | T |   | R |   | R |   | V |   | T |   |
|---------|---|---|---|---|---|---|---|---|---|---|
| Voice 2 |   | K |   | R |   | S |   | V |   |   |

| Voice 1 | S |   |   |   | S |   |
|---------|---|---|---|---|---|---|
| Voice 2 |   |   |   | V |   |   |

-

| Voice 1 | T | N |   | N | T | N |   | N |   | S ! |
|---------|---|---|---|---|---|---|---|---|---|-----|
| Voice 2 |   | N | T | N |   | N | T | N |   | S ! |

*N = en*
*T = tee*
*S = ess*

three voices

# oon ip

*Progresses left to right. One box equals one beat. "-" means end of phrase and short pause. Text format translates to sound like this:*

**bold** = *low pitched voice*
*italic* = *high pitched voice*
plain = *normal voice*
<u>underline</u> = *fast*

| Voice 1 | | **oon** | | | **eu** | | **eu** |
|---|---|---|---|---|---|---|---|
| Voice 2 | schn | | | | | oi | |
| Voice 3 | | | *ip* | | | | |

-

| Voice 1 | | ip | | ip | |
|---|---|---|---|---|---|
| Voice 2 | | | *ip* | | |
| Voice 3 | **eu** | | | | |

| Voice 1 | | | | ip |
|---|---|---|---|---|
| Voice 2 | oi | | *schn* | |
| Voice 3 | | eu | | |

-

| Voice 1 | | | **ip** | | <u>op</u> | |
|---|---|---|---|---|---|---|
| Voice 2 | | schn | | <u>op</u> | | |
| Voice 3 | *schn* | | | | | <u>op</u> |

| Voice 1 | | | **orrrrrr** |
|---|---|---|---|
| Voice 2 | ip | | |
| Voice 3 | | ip | |

-

# oon ip, cont.

| Voice 1 | k! | | | <u>op</u> | t-t-t-t-t-t | |
|---|---|---|---|---|---|---|
| Voice 2 | | | <u>ip</u> | | *nnnnnnnn* | |
| Voice 3 | | t! | | | **dooooooo** | |

| Voice 1 | d-d-d-d-d-d-d | | |
|---|---|---|---|
| Voice 2 | **d-d-d-d-d-d-d** | | |
| Voice 3 | | | <u>d-d-d-d-d-d-d</u> |

-

| Voice 1 | | t-t-d-d-d-d-d-d-t-t-t-d-d-d-t-td-t-td-t-t-t |
|---|---|---|
| Voice 2 | t-t-tt-t-ttt-t-t-ttt-t-t-t-tttt-t    schn   oop    t-tt-d-tt-d |
| Voice 3 | | d-d-dd-ddd--d-dd-d-ddd-d-d-dd-dd-d-FFT!! |

-

| Voice 1 | fft | | | d-d-d-d-d-d-d-d-d-d-d | | D! |
|---|---|---|---|---|---|---|
| Voice 2 | | ip | | | oooooooo | D! |
| Voice 3 | | | | d | | D! |

many voices

# am ne

*Many voices read loosely together across / down / spatially or each voice takes a small section and improvises.*


*(intro)*

ma, am     ne am ne
       am

ma    am    ne     ne
   ma   am   am

mna, ne    ne  am    ne
mna,   am   ne   am

ma, mna
ma, mna

ne      am
  ne      ne
    ne     am

ne

    ulllllllllll
ulllllllllll
   ulllllllllll
      oooooooo

-

## am ne, cont.

*(body)*

mnmnmnmnmnmnmnmnmnm *(continue in waves)*
     mnmnmnmnmnmnmnmnmnm *(continue in waves)*
   mnlllllllllllllllllllllllllllllllllllllllllllllll *(continue in longer waves)*
                oooooooooooooo *(only occasionally)*

Remaining speakers improvise around intro theme,
listening, leaving space, and interacting until conductor ends.

-

*(outro)*

ma, am    ne am ne
      am

ma   am   ne    ne
  ma   am   am

mna, ne   ne  am    ne
mna,   am  ne   am

ma, mna
ma, mna

ne     am
  ne     ne
    ne     am

ne

    ullllllllllllllllll
ullllllllllllllllllllll
   ulllllllllllllllllllll
      ooooooo

---

# shhhhhhh k-k-k-k-k-k

*Parts are shown on the pages that follow, with section titles in parentheses. Many voices read loosely together for each section. Each reader improvises on the base material using theme given in the title of the section. Density of sounds generated should reflect spatial arrangement of text. The sections overlap slightly and fade smoothly between one another. Duration of each section is at the discretion of the performers*

*Flow of Events:*

*Ocean and Accents*
*Ocean Fades Out / Trees Fade In*
*Ocean Accents and Trees*
*Insects and Trees*
*Insects Fade Out / Rain Fades In*
*Rain and Trees*
*Trees Fade Out / Rain Only*
*Rain Fades Out / Wet Trees Fade In*
*Wet Trees Fade Out (or Ocean Returns as Rain Fades)*

# shhhhhhh k-k-k-k-k-k, cont.

*(ocean)*

sssssssssss

fffffffffffffffffffff

sssssssssss

fffffffffffffffffffffffffk-k-k-k-k

sssssssssss

fffffffffffffffffffffff

sssssssssssk-k-k-k-k

fffffffffffffffffffffff

sssssssssssk-k-k-k-k

fffffffffffffffffffffffffffk-k-k-k-k

sssssssssssk-k-k-k-k

mmmmmm fffffffffffffffffffk-k-k-k-k

sssssssssssk-k-k-k-k

mmmmmm fffffffffffffffffffffk-k-k-k-k

mmmmmm ssssssssssk-k-k-k-k

fffffffffffffffffff          mmmmmm sssssssssssk-k-k-k-k

# shhhhhhh k-k-k-k-k-k, cont.

*(ocean accents)*

ssssssssk-k-k-k-k

sssssssssffffffffffff

k-k-k-k-k-k

ssssssssooooooooffffffffff

k - k - k - k - k

# shhhhhhh k-k-k-k-k-k, cont.

*(trees)*

ffffffff

fffffffffffffffffffff

ffffff

fffffffffffff

ff

fffffffffffffffffffffffffff

## shhhhhhh k-k-k-k-k-k, cont.

*(insects)*

gzzzz
gzzzzzsssss
gggzzzzzsssssssffffff
gg gggzzzzzzzzsssssss ffffffff
mmmmmgzzzzzzzz ffffffffff llllllllll
gzzzzzzzzffffffffff
mmmmmmmmmmmm
gzzzzzzzzzfffffffffflllllllll
bgzzzzzzzzz
mmmmmmmmmmmmmfffffffffffffbgzzzzzzzz

# shhhhhhh k-k-k-k-k-k, cont.

*(rain)*

ttt tt  t t

t t ttt tt  tt


tttt tt t ttt
ttttttttt ttt
ttt ttt t t ttt

*(wet trees)*

ffffffff

fffffffffffffffffffff

ffffff

t ttt t t t ttt ttt

ffffffffffff

 tt t t

ff

fffffffffffffffffffffffffff

# tchlthclhtlchl

*Left to right. Overlapping lines within each section to be sounded simultaneously. Text provided is base material for improvisation. Density of sounds generated should reflect spatial arrangement of text.*

*kkkkk - low growl/gurgle, a little spitty*

*ooooo - a clear low-medium tone, intuitive harmonies where overlapping*

*tttttttt - tongue flicking rapidly*

*tchlthclhtlchlth - teeth closed, mouth almost closed, tongue moving chaotically against back of teeth, with stops and releases, pitch controlled by openness of lips*

1.

kkkkkkkk
      ooooooo
       ooooo
          tttttttttttttttt

2.

kkkkkkkk
  shhhhhooooooooo
       ooooooo
         tttttttttttttttt

3.

kkkkkkk
  shhhhhhooooooooooooo
        ooooooooo
            tttttttttttttttttt
            ttttttttttt

4.

kkkkkkk
  shhhhhhoooooooooooooooooooo
        oooooooooooooo
            tttttttttttttttttttt
            ttttttttttt

tchlthclhtlchlthtchlthclhtlchlth

    tchlthclhtlchlthtchlthclhtlchlth

    kkkkkkkkkkkkkkkkkkkkkkk

kkkkkkkkkkkkkkkkkkkkkk

    shhhhhhhhhooooooooooooooooooooooo

    shhhhhhhhhhhhhhhhhhhhhhhhhh

5.

ttttttt    tttttt
    ttttttt              ttttt
      ttttttt               kkkkkkkk
       tttttttt
     tttttttt
   ttttttttt    tttttt
           ttttttttt

6.

tchlthclhtlchlthtchlchlthclhtlchthclhtlchlthoooooooooooo
tchlthclhtlchlthtcthtchlthclhtlchlthoooooooooooo
kkkkkkkkkkkkkkkkkkkkooooooooooooooo
kkkkkkkkkkkkkkkkkkooooooooooooooooo
kkkkk shhhhhhhhhhhhhhooooooooooooooooooooooo
shhhhhhhhhhhhhhhhhoooooooooo

XOXOXOXOXO

XOXOXOXOXO

XOXOXOXOXO

XOXOXOXOXO

XOXOXOXOXO

XOXOXOXOXO

www.ingramcontent.com/pod-product-compliance
Lightning Source LLC
Chambersburg PA
CBHW032208040426
42449CB00005B/487